うえむらちかのカープごはん。

著 うえむらちか

漫画 近藤こうじ

ザメディアジョン

Contents

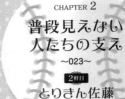

「衣・食・住・カープ」

これが今の広島の生活スタイルになっているのではないでしょうか。

朝起きて天気とスタメンのことを考え、学校や会社に行ってカープの話題に花を咲かせる。そしてご飯を食べながら試合を観て祝杯をあげる。そんな当たり前で、それでいて他にはない幸せなカープ生活を切り取って描きました。熱々なので火傷しないように、どうぞ召し上がれ！

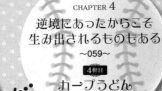

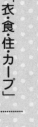

CHAPTER 1

いいとこさがし

うえむらちかの
カープごはん。

1軒目 カープ鳥

JR
広島
ひろしま Hiroshima
がしひろしま
Higashihiroshima
しんいわくに
Shin-iwakuni
待ってよ
ユカリ！
まだ時間
早いんじゃ
ないの？
試合前の練習から
たっぷり楽しまなくちゃ
もったいないでしょ？
タタタ
ANSEN
そっか！
野球観戦デビューの
サユミには
私とチカさんで
いろいろ教えて
あげるからさ

あ！
チカさんとの待ち合わせ場所決めてなかったわ
メール してみたら？
え！
連絡先を知らないの？
チカさんとは先週の神宮で知り合ったんだけど
その試合が大逆転勝利で盛り上がっちゃってね
その勢いで「次は広島で会おう！」って別れて…
それで
アドレス交換もしてないの？
勝利の美酒がおいしすぎて
すっかり忘れてたわ…
あのね…
まっ
ここにいたらなんとかなるって！
大丈夫かなぁ…
こんにちは～
タッ

ようこそ
広島へ!!
ホラ なんとかなったでしょ!
やっぱここで待ってたんだ!
球場は南口の方だよ～
だってこれ再会の像だもん
あ! はじめましてうえむらちかです!
川田サユミです
広島も野球も初心者ですけどよろしくお願いします!

初めてなんですか？
キラン！
あ…
はい
去年のリーグ優勝って何年ぶりだったか知ってます？
グイ
い…いえ
なんと25年ぶりよ!!
私なんか物心ついた頃からずーっと応援してきたから
ホントに嬉しかったんだ!!
グイ
そして何よりも応援してくれるファンが増えたことが嬉しくて…
これからはサユミさんも仲間なんだよね!?
あ…はい
あ…圧が…
チカさんはカープ初心者が大好物だからね
さっ とにかく行きましょ！

おめでとう！
Carp
V7
このの
駅からスタジアム
までの道は
「カープロード」って
呼ばれてるんだよ
道のまわりが
カープで埋めつく
されているって
感じですね
カンバレ!!
呉麺屋
ラーメン
呉冷麺
お好み焼き屋さんも
ラーメン屋さんも
みんな赤が
目立つし！

わ！
LAWSON
ローソンまで赤くなってる！
赤いだけじゃなくて
カープグッズの品揃えも豊富だよ
ユカリこれ見て！
マンホールまでカープじゃん！
すごーい！
ザワ
ザワ
街をあげてカープを応援してるって感じが
Mazda Zoom-Zoom スタジアム広島
ザワ
ザワ
ひしひしと伝わってくるでしょ

ワアアアアア!!
Be a driver.
Carp
ELDRED
55
KIKUCHI
33

いい試合だね！
サユミさん初めての観戦どう？
はいすごく楽し…
ヴヴヴヴヴ
あ！
ピッ
……
ごめんなさい
ちょっと電話してくるね
あれたぶん仕事関係よ
ったく休みなんだからほっときゃいいのにね
……

カープ!
カープ!
カープ ひろしま!
本日はご来場
ありがとうございました
最高!!
ひろしまあカープ
いきなりサヨナラ勝ちが観られるなんてね!
♪
サユミ
やっぱ来て良かったでしょ?
……
私…
今日東京に帰ろうかな…
え!?
何言ってんの明日の試合もチケット取ってるんだよ!
でも…

何かあったの？
仕事の取引先のことでもめてるらしくて…
急ぎというわけではないんですけど
どうしても気になっちゃって…
いつも気にしすぎなんだよサユミは
休みの間くらい忘れちゃいなよ！
サユミさん
気分転換しよっか！
ふたりを連れて行こうと思ってた
ひろしま
本格派 炭焼やきとり処
カープ鳥
いいお店があるんだ！
CARPDORI

ザワ
ザワ
ザワ
ザワ
ここ「カープ鳥」はカープファンなら絶対に来るべきお店よ！
フランチャイズもあってカープOBがやってるお店もあるんだ！
ARAI
KIMURA
66
2
わぁ！
あちこちカープだらけですね
見て見て！
メニューに選手の名前がついてる！
じゃあ今日活躍した選手から注文しよっか
まずはナイスピッチング野村祐輔投手のスペアリブ焼ね

私は今日も世界一の守備がスゴかった菊池の牛バラ！
あと大瀬良の牛タンとジョンソンの笹身しそ巻もね！
じゃあ丸佳浩のウズラ玉子肉巻もいっちゃおうかな！
おっ！それもいいね！
私はおまかせします
オッケー！
じゃあとりあえず今日の勝利を祝して
カンパーイ!!
おーっ来た来た！
追加でオスカルもお願いしまーす！
あとはサユミさんの話を聞いてからにしよっか
え？

この際 仕事の悩みでも 何でも
話して スッキリ しちゃおうよ
・・・・
私・・・
人に何か 頼まれたら なかなか断れ なくて…
で 結局いつも 自分だけ損して クヨクヨしてるん だよね～
でも
引き受けた 以上は私に 責任があるし…
なるほど ねえ…
はい おまち！
トン
男気コース
焼鳥 9本セットです！

お！男気といえば
引退した黒田選手だね！
そう！
ああ
もう黒田さんのピッチングが観られないなんて悲しすぎるわ…
あの…初歩的な質問かもしれませんが…
なんで男気って言われているんですか？
黒田さんはね
大学3年くらいまでは ほとんど無名の選手だったの
そうなんですか？
そんな中で最初に目をかけてくれたのがカープのスカウトで
KURODA
15
他球団が注目する凄い投手になってからもその恩を忘れずドラフトで迷うことなくカープを逆指名したんだ

メジャーに行ってもカープ愛を忘れてなかったこともステキよね～
それでカープに復帰して最高の恩返しだもんね
思いやりと責任感
男気ってそういうことかもね
なるほど！
そういえばサユミさんも
思いやりと責任感は人一倍強いじゃない！
男気サユミってか？
私は普通ですよお…
KINUGASA
3
やっぱ優勝までの25年は
長かったなぁ…
カープ鳥
チカさん それ言うの4回目ですよ
そうだっけ？

でも
そんなに長い間
勝てなくて
よく
他のチームに
乗り換えなかった
わね
乗り換えるわけ
ないでしょ！
私の体には
カープと同じ赤い血が
流れてるんだから！
それに
勝てない時期が
長かったからこそ
学べたことも
あるんだよ！
血は誰でも
赤いよ…
学べた
ことって…？
それは
「いいとこ
さがし」よ！
「いいとこ
さがし」？

勝てないチームをあきらめず必死で応援してきたからこそ
選手一人ひとりのいいところを見つける力がついたってこと
なるほど！
はいおまち
トン！
緒方監督はチームの中心になくてはならない心臓ってことか！
「いいとこさがし」のスペシャリストと言えるかもね！
去年のリーグ優勝にも「いいとこさがし」が一役買ってたわけね！

仕事にも応用 できるんだよ
取引先 お客さん 会社の同僚
一人ひとりの 個性を見極めて 「いいとこさがし」を 心がければ
仕事も 楽しくなるんじゃ ないかな
そして サユミさんの 「いいとこ」も
きっと誰かが 見てくれている はずよ
なんか少し 気が楽になり ました
ありがとう チカさん!
でしょ!
よーし
じゃあ改めて カンパーイ!

カープ鳥編

試合後のごはんに行くならここ！　作中に出てきたように、今日活躍した選手の名前の焼き鳥を頼むのは勿論のこと、「私は大好きな松山さんの椎茸♡」。なんて会話で盛り上がること間違いなし！　ちなみに優勝翌日には焼き鳥と飲み物をすべて無料にするという「振る舞い酒」を行なって、ファンと優勝の喜びを分かち合っていたことも話題になっていました。 カープ鳥には、カープOBの長内孝さん、木下富雄さんがオーナーを務めているお店も。美味しいごはんを食べながらカープで大活躍していたおふたりのお話を聴ける贅沢はたまりませんよね。

男気コース
焼鳥 9本セット…**1620円**

緒方監督 心臓（ハツ）
…1本**162円**

木下さん　長内さん

DATA

カープ鳥

薬研堀スタジアム店　作中舞台
MAP P149
★広島市中区薬研堀8-15
★TEL.082-249-8989
★営業時間 17時～24時（金·土曜は翌2時、日曜は23時）
★休み 不定休

毘沙門スタジアム店
★広島市安佐南区緑井3-11-21
★TEL.082-877-8989

高陽スタジアム店
★広島市安佐北区口田3-7-23
★TEL.082-842-8989

中の棚スタジアム店
★広島市中区立町5-15
★TEL.082-248-8989

駅ビルスタジアム店
MAP P149-A1
★広島市南区松原町2-37 ひろしま駅ビルアッセ2F
★TEL.082-568-9089

球場前スタジアム店
MAP P149-B2
★広島市南区東荒神町5-12
★TEL.082-209-8988

【FC店】

カープ鳥 おさない
★広島市西区草津新町2-17-9
★TEL.082-279-8900

宇品スタジアム店
★広島市南区宇品神田5-11-1
★TEL.082-252-0089

カープ鳥 きのした
★広島市中区十日市町2-3-20
★TEL.082-531-0089

カープ鳥 きのした横川店
★広島市西区横川町2-6-8
★TEL.082-295-0025

中山スタジアム店
★広島市東区中山東3-2-2サンピル1F
★TEL.082-824-8999

五日市スタジアム店
★広島市佐伯区五日市中央1-3-34
★TEL.082-924-0890

CHAPTER 2

普段は見えない人たちの支え

うえむらちかの
カープごはん。

2軒目 とりきん佐藤

ザワ ザワ ザワ ザワ ザワ
40
これ チカさんに もらったんだけど
似合う？
うん いけてるよ サユミ
CARP 20
デザインが ぜんぜん違う けど大丈夫 かな…
だってそれ 80年代のやつ だもん！

カープが投手王国と言われていた時代よ！
背番号20の北別府はその頃のエース！
ユカリすごいね！
ユニフォーム見ただけでそこまでわかるんだ！
そんなのカープファンにとっては常識よ
まっ
チカさんにさんざんレクチャー受けたおかげなんだけどね
そういえば
チカさん急な仕事が入って来られなくなったんだね
ちょっと寂しいけど
勝利の報告ができるように気合入れて応援しましょ！

カキィーン
よっしゃあ!
いったああ!
和興産
あぁぁ
おしい…
まだまだ応援が
たりないわね!

オラ〜！
もっと気合い入れんかい〜！
ちょっとユカリ
あまり暴れないほうが…
何言ってんのよ
リードされてんだからサユミももっと応援しなきゃ！
2日連続サヨナラ頼むわよ〜！
ストライクバッターアウト！

どよん
やっぱり負け試合の後はみんなの足どり重いね…
連勝して東京に帰りたかったのにな…
やっぱチカさんが勝利の女神なのかなぁ…
チカさんがまたいいお店を紹介してくれるみたいだから
おいしいもの食べて気分転換しましょうよ
そうね！
ちょっとあんた！

わしは広島東洋カープ私設応援団の藤井ヨシヒコじゃ！
ひとこと言わせてもろうてもええか？
え？わたしに？
そう！
あんたのさっきの応援の仕方のことよ
まわりが迷惑しとったことに気付いとらんのか？
ご…ごめんなさい
初めての広島でテンションあがっちゃって…
ったく…
これじゃけにわかファンは…

だれがにわかよ！
勝手に決め付けないでくれる！
いや どこからどう見てもブームに乗ったミーハーにしか見えんぞ
まあ どうせ選手の名前もポジションも
ろくに知らんとユニフォーム着とるんじゃろ
悪いけど全員覚えてるし！
ホラ！このコなんかマニアだから北別府よ北別府！
それがどうした?
カープが優勝した年だって全部覚えてるわよ！
1975・1979・1980・1984・1986 1991 そして 2016 ！

そんな数字を並べられても
本物のファンかどうかはわからんのう
・・・・
じゃああんた
佐藤玖光さんは知っとるか?
え?
Hiroshima
33
にわかが知っとるわけないか
佐藤さんはカープにとって重要な功労者なんじゃ!
よう覚えとけ!
KIKUCHI
わしは　これから佐藤さんのとこに行くけえ
本物のカープファンなら連れて行っちゃるのに残念じゃのう!

超
ムカツクんですけど！
ユユカリ大丈夫？
なんなのあの上から目線は！
ちょっとクールダウンしてくるわ
え？
ちょっ…どこ行くのよ？
・・・・
ザワ
ザワ
そんなことがあったんだ？
ザワ
ザワ
でもクールダウンって何するんだろ？
その辺を散歩して頭を冷やすんじゃないかな…

ユカリさん ちゃんとこの店に 来られるかな…
来ますよ
私と違って 悩まないのが あのコのいいとこ だから!
お酒 大好きだし
そうだね
じゃあ とりあえず 注文しちゃお!
生ふたつと
宮崎地鶏の もも網焼き お願いしま~す!
わあ!
おいしそう!
ユカリさん には悪いけど
お先に 乾杯!

ん〜っ!
シンプルだけど炭火の風味とお肉のうまみがたまりませんね!
柚子胡椒つけるのもオススメよ
ここって有名なお店なんですか?
CAFE CAR
CAFE CARP
佐藤玖光…
昭和五十年から打撃投手に転向……
引退するまで20年以上も
強かったカープを支え続けていたわけか…
すごいなあ…
ん!
引退後宮崎地鶏専門店「とりきん佐藤」開業…
「とりきん」って…

佐藤
おまたせ〜っ!
ユカリさん!
もう
大丈夫なの?
くやしいから
昔の佐藤選手のこと
調べてたんだけど
このお店の
オーナーだったん
だね!
んで ネットで
メニュー見てたら
怒りもどっか
行っちゃった!
とりあえず
私もビール
生大で!
わ!地鶏
超ウマそう
じゃん!
KIKUC
KURODA
15
20
ホント悩まない
人なんだね
はい!
むは〜
じゃあ3人
そろった
ところで
一番の
オススメ
行きましょ!

え!?
地鶏のお店なのにカレーって？
カレー鍋
ホントにオススメよ！
これ目当てのリピーターも多いんだから！
むほ〜！
こりゃタマラン！
でしょでしょ！
野菜たっぷりだし
あっさりしてるけどコクがあってクセになりそうですね
サユミ…チカさん…
私 さっき調べてて思ったんだけど…
打撃投手のような
「普段は見えない人たちの支え」って
すごく大事なんだね

私たち ファンだって
「普段は見えない 人たちの支え」に 助けられてるかもよ！
いつも私を 支えてくれて
スマンのう サユミ！
ガラッ
大将！
席 あいとる？
あ！
お！
さっきの 姉ちゃん！
・・・・
・・・・

さっきは すまんかった！
遠くから 来てくれたファンに つい失礼なことを 言うてしもうて…
Carp
反省 しとったんじゃ
へ？
去年はカープが ファンと一体になって 優勝したというのに
ファン同士が バラバラになったら いかんけえね！
謝らなくちゃ いけないのは こっちだよ
もともと悪い のは私のほう なんだし
そ… そうか…
よし！じゃあ 今年もみんなで
カープを 支えましょ！
ん！

あんたら
チカさんの友達か？
そうだけど
お知り合いなんですか？
知り合いっちゅーか球場でよう会うけえいつの間にか友達になったんじゃ
何しろチカさんは年間4、50試合は観戦しとるからな！
Carp
えーっ！チカさんすご〜い！
テヘ
よーし！今日はわしのおごりじゃ
ぱーっとやろう！
やったあ！
じゃあカレー鍋特撰追加ね
あとビール4本それから…
ゴメン
やっぱワリカンで

とりきん佐藤編

カレー鍋（1人前）
…1728円

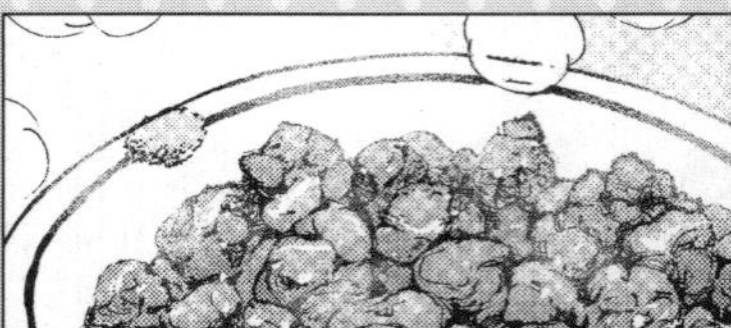

私が初めて行ったのは、宮崎の南郷にある「とりきん」さんでした。中に入ってみると南郷という土地柄（西武ライオンズのキャンプ地）、かなりライオンズ色の強いお店で戸惑いました。しかし店内をよく見てみると、いたるところにカープに関係あるお宝が隠されているお店だったのです。外木場義郎さんと津田恒美さんから贈られた開店祝いや、前田智徳さんのバットなどがごろっと置いてあり……カープ縁のお店でもありました。そんな「とりきん」さんで、平成9年までカープの打撃投手を務めた佐藤玖光さんが修業を積まれ開店したのがこちらの「とりきん佐藤」さん。佐藤さんに南郷のお店の話をしたらその場で「とりきん」さんに電話して再びご縁を繋いでくれました。長年カープを支えみんなから愛されてきた佐藤さんの人柄を垣間見た出来事でした。

宮崎地鶏のもも網焼き
（1人前）…972円

DATA

とりきん佐藤

MAP P149

★広島市中区薬研堀4-8
広島総合娯楽センター1階
★TEL.082-247-8039
★営業時間 18時～LO翌2時
★休み 日曜・祝日

CHAPTER 3

じっくり時間をかけて育てる

うえむらちかの
カープごはん。

3軒目 焼肉・ラーメン かずさん

ガタン
ゴトン
何年ぶりだろ
トモコに会うの…
本当はもっと早く
出産祝いをしたかったんだけど…
菓凛
パティスリー「菓凛」のスイーツをたっぷり持ってくから
ゆるしてね！
あの…おねえさん！

それ
わしに貸してくれんか？
貸す？
ダメだよ これは
大切なお友達にあげるものなんだから
いや
そっちじゃのうて
その帽子のことよ

これも
ダメ!
てか
帽子くらい
どこでも
買えるでしょ!
たのむけえ
貸してや
カントクさんに
めちゃ怒られるん
じゃ!
カントク?
これから試合に
行くんじゃけど
帽子を忘れて
しもうて
ほじゃけど家まで
取りに戻りよったら
間に合わんけえ…
だからって
このカープの帽子
じゃダメでしょ?
君の
チームの
ヤツじゃ
ないと
いや うちの
カントクさんは
カープの帽子なら
許してくれるんよ
にひ

出口
EXIT
プシュー！！
ありがとうおねえさん！
わし4年生でセイヤ言う名前なんよ！
そうなんだ！
すごーい！
鈴木誠也のパクリじゃないぞ
わしのほうが先じゃけね！
そうだね…
じゃあ試合がんばって！
ププッ
おう！
タ
タ
タ
セイヤ君か…
そういえばトモコんとこも…

本当に久しぶりだねチカちゃん！
いつ以来かなあ…
あの時だよ ホラ
4年前のクライマックスシリーズ！
甲子園で2連勝したその勢いで東京ドームまで遠征した
あの時かぁ！

結局ジャイアンツに連敗して
泣きながら帰ったよね
そうそう！
あの時の悔しさがずっと残ってたから
去年の優勝はホントうれしかったなぁ！
じゃあ いろんなお祝いを兼ねて
いっちゃいますか！
誠也も
こっち来てケーキ食べよ！
・・・・
こんにちは誠也くん！
誠也くんもカープ応援してるの？

トコトコ
トコ
あら…
ごめんね
人見知りがひどくて…
でも さすがカープファンの血をひいてるね
古葉監督のモノマネで登場するなんて…
…って古いか!
そんな気の利いたことができればいいんだけどね…
……
トモコさん!

今日は私が誠也をみてるから
ふたりでゆっくりごはんでも食べてきたらどう？
ありがとうおかあさん
じゃあ　お願いしちゃおうかな
トモコ
なにか悩みでもあるんじゃない？
うん…
誠也のことなんだけど…
もう2歳になるのに言葉が遅くてね…

そっか…
まだママって呼んでくれたこともないし…
私の育て方が間違ってるんじゃないかって
つい考え込んでしまうのよ…
いろいろ大変なことがあるんだね…
あ！ゴメン
こんなこと言われても困るよね？
いいよ！
たいしたアドバイスはできないけど話してみてよ！
そうだ！トモコ
久しぶりにあの店に行こうよ！
かずさん
ラーメン

うわぁ
昔と変わらないね！
ねえ
あれ通じるかなぁ？
言ってみる？
いつものやつ
お願いしまーす！
はいよ！
通った！
通ったね！
でも違うの来たらどうする？
だまって食べるしかないね

はい
おまたせ！
レモンラーメン
キターッ！
これこれ！
かずさん名物
レモンラーメン！
ん～っ
やっぱ
サイコーだね！

とんこつスープだけどあっさりしてて
ズズ～～…
最後までおいしく食べられる
変わらないこの味だね！
なんか
思い出すなあ…
中学生の頃二人でここに来たときに
注文した後でトモコが財布を持ってないことに気付いてさ！
あったあった
あの時チカも百円しか持ってなかったんだよ！
それで財布を取りに帰ったトモコを
ゆーっくりレモンラーメン食べながら待ってたんだよ
一時間たっても戻ってこなくてあせってたら
ダッシュで戻ってきて冷めたラーメンを汗だくでハアハアしながら食べてんの！
は
は
は
あの時のチカは笑いすぎだよね
かずさん
だって超面白かったんだもん！

ワー
ワー
チカ 知ってた？
あの時戻るのが 遅かったのは ここで野球部の試合 観てたからなんだよ
キィーン
4組の コウタ君 でしょ？
トモコ 好きだったん だよね
懐かしい なぁ…
あら！
あの子
ちゃんと 試合に出てる じゃない！

あの子も セイヤ君 なんだよ！
へぇ～ そうなんだ！
カキーーン！
あっ！
あちゃ
まだまだ ヘタッピだね
何やってんだよ！
セイヤの くせに！
次の バッティングで 取り返せよ！
ワイ ワイ
ワイ ワイ
えらい 言われよう だけど…
いい感じの チーム だね！

おお！
打ったよ！
アウト！
おしい！
セイヤ君
一番チビだけど頑張ってるね
ドンマイ
セイヤ！
ナイスラン
これからどんどん上手になっていくんだろうな…
トモコんとこの誠也くんも
まだまだこれからだよ！
カープが強くなったのも
選手を「じっくり時間をかけて育てる」という信念があるからだもんね！
うん！
そうだね！

よし!
「じっくり時間をかけて育てる」
それで行こう!
ママァ…
ママ〜!
カープッカープッ
誠也…
すごいよ誠也!カープとママを同時にしゃべってくれるなんて…
まさに「神ってる」だよ!

焼肉・ラーメン かずさん編

レモンラーメン…680円

DATA

焼肉・ラーメン かずさん

MAP P149

★広島市南区皆実町1-17-15
★TEL.082-254-0970
★営業時間 11時30分～14時、17時～22時
★休み 月曜

1980年ドラフト外でカープに入団し、左の中継ぎ投手として活躍した山本和男さんが大将をつとめる焼肉とラーメンのお店。焼肉屋さんが〆めに出すラーメンとは違い、本格的なラーメンが堪能できます。「野球よりもラーメンを作るほうが難しい」と語る大将のこだわり抜いた一杯は、さっぱりとしたレモンの味で女性にも好まれ、仕事帰りに疲れた身体も元気にしてくれます。

Sweet編

パティスリー「菓凜」編

マツダスタジアムの目の前にあるとってもオシャレで可愛いスイーツ屋さん。ケーキはもちろんのこと、ファンの間で、口コミで広がる広島産原乳100%のカープ牛乳を使ったソフトクリンは濃厚で絶品！ 早めに球場に行って試合の前に食べるのも良し！ ナイターが終わった後もお店を開けてくれているので、勝った日は50円引きになったソフトクリンを食べて帰るのも良し!

DATA

パティスリー「菓凜」

MAP P149-B2

菓凜

★広島市南区南蟹屋2-4-16 ★TEL.082-287-9180
★営業時間 9時30分～19時30分（※カープナイターの日は試合終了まで営業） ★休み 不定休

CHAPTER 4

逆境にあったからこそ
生み出されるものがある

うえむらちかの
カープごはん。

4軒目 カープうどん

やっぱ
マツダスタジアムの定番はこれだね！
カープうどん
だし汁の効いた関西風のスープがやや細めの麺によくからんで
やわらかく甘辛い牛すじとのハーモニーが絶妙！
はふ
はふ
とか言いながら…
新井貴浩選手の瀬戸内もみじ豚の中華そばエルドレッド選手のフロリダ牛丼みたいに選手がプロデュースしたのとか
オリジナルメニューが豊富でいつも迷うんだよな
カープってスタジアムグルメにもいろいろアイデア入れてくるから素敵よね～
おじさん！

……
怖ああ あっ！
期間限定で復活したカープうどんおじさん人形だけど
いつ見てもインパクトあるな〜
カープが日本一になったら
動き出したりしないかな…
……
そこのお嬢さん
人形相手になにやってるんですか〜？

よっ！
久しぶり！
チカの幼なじみ
岸 コウタ
コウタ君！
珍しいな今日はひとりなのか？
うん！
たまにはひとりスタジアムもいいもんだよ！
でもあまりおかしな行動すんなよ
カープ女子が変なことしてるって言われるぞ～
そういうコウタ君だって
ダンスおねえさん人形をガン見してたんじゃない？

な…なぜ
それを？
え！
図星？
そういえば
コウタ君って
イベント会社
勤めてたよね？
もしかして
明日の文化交流
イベントの担当
だったりするの？
ふっふっふっ
実はな…
俺のバンドが
明日
マツダスタジアムの
前の仮設ステージで
演奏するんだぜ！
本当!?

すごいじゃない！
コウタ君野球やめてからずっとギター弾いてたもんね！
あ！今のうそうそ！
俺バンドやってないし…
なんだがっかり
ワリィ！
でも明日あの仮設ステージで
バンドのミニライブがあるのは本当だよ！
元々の企画ではオープニングのステージはママさんコーラスだったけど
企画会議で若い世代にアピールするためにバンド演奏を提案したら通っちゃってね
おまけに
イベント全体のプロデュースまで任されたんだ！

へ〜っ 言ってみる もんだね！
それで バンドって どんなのが 来るの？
聞いて 驚くなよ
インディーズながら オリジナル曲のＰＶが 海外で高く評価されて
全米デビューも 噂されてる
あの C・S・Sだ！
Carp Shaped Streamers
うわ！
そりゃ本当に すごいや！
武道館の チケットが5分で 完売するくらい なのに
よくブッキング できたね!?

実はリーダーのヒロシが
大学時代の音楽仲間でさ
へ～！
じゃあやっぱコウタ君バンドやってたんだ！
バンドじゃないけど
ヒロシと二人でストリートライブやったりしてたよ
コウタ君がストリート？
意外～
まぁそんな関係だからダメもとで頼んでみたら
ラッキーなことにツアーの移動日に来てくれることになったんだ！
やっぱ持つべきものは友だね！
もともとフットワークの軽いやつだしな
おっと
サボってる場合じゃないや

チカちゃんも
明日ヒマなら観に来いよ！
うん！
差し入れ持ってくよ！
－翌日－
じゃん！
旭堂のカープ最中でございます！
カープ最中
ボール型の最中にあんこと餅！
お椀に入れて湯をそそぐとおしるこに早がわりのナイスなお菓子よ
いかんいかん
差し入れなのについ食べてしまうとこだったわ！

ゴメン
今それどころじゃないんだ！
え？
どうなってるんですか！
通しリハもできてないんですよ！
すみません！事故渋滞らしくて…
……
え！まだ神戸なのか？
もう1時間ないんだぞ…
……
コウタ君
大丈夫？

万事休すだ…
どうやってもイベントには間に合わない…
オープニングにたっぷり時間を取ってたのに穴が開いたらイベント自体が台無しだ…
土下座したって許されないよ…
悩んでいてもしょうがないでしょ！
まだ1時間あるんだから何かできることがあるはずだよ！
でもな…
要はオープニングが盛り上がればいいってことじゃないの？
チカちゃん俺やってみるよ！
コウタ君…

C・S・Sのメンバーは
私のミスによりこの会場に来られなくなりました！
ザワ
ザワ
ザワ
ザワ
ザワ
え～っ！
なんでだよ～
ブー
ブー
げ！
本当に土下座してる…
そこでC・S・Sの代役として
責任者の私が歌わせて頂きます！

え!?
ザワ
曲はおなじみ「それ行けカープ」です！
て…手拍子よろしく！
ザワ
ザワ
カープっ
カープっ
カープ
広島っ
広島ぁ
カープ～
ザワ
ザワ
ザワ
この空気じゃ いくらカープの歌でも 盛り上がるわけ…
ザワ
やめろ
やめろ
ヘタクソ!!

みなさんこんにちは！
C・S・Sです!!
移動車内からスマホ中継で失礼します!!
その手があったか！
今ステージで歌ってた男は僕の親友でね
オンチだけど仕事熱心でいいヤツだから勘弁してやってくれよ！

そのかわり
わしらも本気で
歌うけえ
みんなで
「それ行けカープ」を
大合唱しようぜ！
オオオ
カープ
カープ広島
広島カープ
空を泳げと
天もまた胸を開く
今日のこの時を
確かに戦い
はるかに高く
はるかに高く
栄光の旗を
立てよ
カープカープ
カープ広島
広島カープ

うまくいって良かったね！
ああ！
なんか普通にやるより盛り上がったし
人生で一番緊張したけどね
もう二度とやりたくないな
私は
ンマ〜〜イ！
コウタ君の個性的な歌声もっと聴きたかったけどな〜
俺の音痴をイジるな〜！
アハハ！
でも俺…
チカちゃんの叱咤激励がなかったらあきらめてたかもな

私って
いうより
カープの教えの
おかげだと思うよ
カープの
教え？
「ない」からこそ
「ある」！
勝てない
お金も無い時代が
あっても頑張ってきた
球団を見ていて
学んだんだ
「逆境にあったから
こそ生み出される
ものもある」
ってね！
「ない」は
たくさんの可能性を
秘めているってことか
それが
カープの教えよ！
チカちゃんの
話は勉強に
なるなあ…
コウタ君
うどんおじさんに
似てない？
おじさん
じゃねーし
じゃあ
うどん
おにいさん
ってことで

カープうどん編

カープうどん（肉）…550円

DATA

カープうどん

MAP P149-B2

★広島市南区南蟹屋2-3-1
マツダスタジアム内

マツダスタジアムのスタジアムグルメを楽しむなら絶対に一度は食べてもらいたい一品。カープうどんは旧市民球場の完成と同時に誕生し60年以上も愛されているカープファンのソウルフードなんです。一番人気は「肉うどん」ですが、がっつり食べたい方には「天ぷら」「肉」「きつね」がすべてのった「全部のせ」がおススメ！　最近は大行列で買えないこともありますが、たまに他球場にも出張することがあるのでそこも狙い目です。毎日食べても飽きない優しい御出汁のにおいに誘われて……今日もいただきます！

Sweet編

旭堂「カープ最中」

6個入り
…860円

野球ボールの形をした紅白、焦がしの三種類があり、お祝いやお供えにも適した和お菓子です。ちなみに旭堂さんから今年発売されたばかりの「勝鯉もなか」は2匹の鯉がデザインされた最中で、北海道の白小豆で作った黄金色の餡に、広島レモンがたっぷり入っているカープファン垂涎の新商品です。

DATA

旭堂

MAP P149

★広島市中区光南1-5-23　★TEL.082-246-7011
★営業時間 9時～19時　★休み なし
※福屋広島駅前店（広島市南区松原町9-1）などで販売

CHAPTER 5

ファン層に合わせたサービスを常に考える

うえむらちかの
カープごはん。

5軒目 ほじゃび

－ サユミが勤める会社 －
あの…
長谷川課長
これ おみやげ です…
ああ
そこに 置いといて
は…
はい…
この資料じゃ プレゼンには 使えんぞ！
すみません すぐ直します
いや もう 時間がないんだ

今日の会議は俺がフォローしておくから
夕方までに仕上げておいてくれればいい
戻ったらチェックする
すみません長谷川さん…
気にすんな!
小林また長谷川さんに借りができたな
はい
課長はむしろ喜んでるんじゃない?
仕事が趣味みたいな人だからね
そうそう残業時間ダントツだし
だから結婚できないのよね
しーっそれは禁句
ふう
これなら大丈夫だな

おっ
ん～ この味
なつかしいなあ…
はて
なぜここにもみじ饅頭が…？
－日曜日－
ごたんだ
五反田
Gotanda
え？
まだ告白してないの？
うん… でも…
おみやげは渡したよ
それでどんな反応だった？
それが…

反応なし!?
なんじゃそりゃ!!
ちゃんとアピールしたの？
でも…仕事のじゃまになったら悪いし…
でた！サユミの悪いとこ！
そこは気をつかわなくたっていいんだよ！
わかってるよ
でも…
「でも」が多いなあサユミは！
ゴメン…でも…
まぁちょうどいいか
本格お好み焼きと広島地酒のお店。
ほじゃひ
8F
こういう時はたよれるあの人に相談しよ！

呼んだ？
あ！ユカリさんとサユミさんだ
チカさん！
なんか…もう出来上がっちゃってます？
早く着いたらカープ話で盛り上がっちゃって！
ここ「ほじゃひ」は
お好み焼きはもちろん
豊富な種類の広島地酒と季節の野菜中心の鉄板焼きを楽しめる
広島好きの人なら一度は来るべきお店よ！

あ！
このイス
昔の広島市民球場のベンチですね！
広島市民球場の証
1957.7–2009.3
すご〜い！
カープ色が全然ないかと思いきやこのさりげなさが良いね〜！
お手洗いは野球グッズだらけになってるけどね
それでは東京での再会を祝して
カンパーイ！
チカさんに追いつかなきゃだわ！
ユカリさんペース早すぎ
今日はゆっくり地酒を飲みながら
美味しい料理を楽しみましょ

タマラン のう～
野菜メインの料理が日本酒に合いますね
観音ネギたっぷりの定番お好み焼きも
サイコー！
広島サイコー！
カープサイコー！
そういえば何か相談があるんじゃなかったの？
あ
別にいいですたいしたことじゃないので…
たいしたことあるわい！
人生の一大事じゃろ！
そっか…
・・・・

とにかく その彼に
サユミさんのキャラをわかってもらうことから始めなきゃダメだよね
キャラか…
どうすれば…
KURODA 15
はい おまち！
おっと！その前に今日の私のおすすめ
ごくんぎょうざよ！
わぁ これも野菜たっぷりなんですね！
いま
ヘルシーで臭わないぎょうざだって思ったでしょ？
え！違うんですか？
本格お好み焼きと広島地酒のお店。
ほじゃひ
えっと…具はネギ・ニンニク ラッキョウ・ニラ あさつき…
あ！激臭注意だって！

激臭上等だい！
あ！これ
ちょっとクセあるけどおいしいです！
意外でしょ？
キャラを印象付けるってこういうことじゃないかな
え？
相手が思っているサユミさんのイメージとは違う一面を見せてあげるのよ
そして相手がこっちに興味を持ったところでもう一押しする！
なるほど
カープだって新たなファンを開拓するためにいろんなアプローチしてるでしょ
それと同じことだよ！

女子やシニアのファンクラブ作ったり
他球団にはない女子の観戦ツアー企画したり
そう！つまり
「ファン層に合わせたサービスを常に考える」ってこと！
「ファン層に合わせたサービス」…
そうか!!
サユミも彼に合わせたアプローチを考えた方がいいってことだよ！
え？
そうだね
ちなみにその彼の情報はどれくらい知ってるの？
生年月日と…
あと出身が広島ってことくらいかな…
広島出身!?
それを早く言いなさいよ!!

－翌日－
あの…
長谷川課長…
ん
どうした川田くん風邪か？
あ…いえ…
ぎょうざ食べ過ぎた…
こんどの日曜日なんですが…
神宮のヤクルト広島戦のチケットじゃないか
どうして君がこれを？
友達にもらったのでもしよければ…
広島出身だからってカープファンとは限らないけど…
2011年度 セ・リーグ公式戦 外野自由席招待券
東京ヤクルト vs 広島
神宮球場

いいねえ！
最近は観に行けてないけど子供の頃はファンクラブ入ってて
広島市民球場によく観に行ってたんだよ！
そうなんですか!?
私
先週
マツダスタジアムに観に行ったんですよ！
あ！
もしかして
あの
もみじ饅頭って
君だったのか？
あ…はい
そうか
気付かなくて悪かったな
いえ…
よし！
じゃあ一緒に神宮に行くか！
はい!!
やった！

神宮球場
ナイターって なんか別世界 みたいな雰囲気が いいですね
ああ
締まった投手戦で いい試合だし！
次は7回表 ラッキーセブン
気合い入れて 応援するぞ！

あ！
そうか
神宮は
ジェット風船禁止
なんだな…残念
そういえば
マツダスタジアムは
赤い風船が
すごかったです！
だろ！
あの…
ジェット風船って
カープが発祥って
ご存知ですか？
チカさん情報
へえ〜
そりゃ知らな
かったな
阪神じゃ
ないのか〜
他にもカープ発の
ものってたくさん
あるんですよ！
たとえば…
意外
だなぁ
川田くんが
野球にそんなに
詳しいなんて！
なんだ
もうイイ感じ
じゃない
だね！
カキィィン

大きい!!
入れ!
入れ!
ミルミル
TOSHIBA
入ったあああ!!

－翌日－
ピロリン
あ
サユミさん
フムフム
10:36
サユミさん
昨日はありがとうございました！
おかげさまで楽しく観戦できました(^^)
これからが楽しみだね
ピロリン
あ
今度はユカリさん
10:36
ユカリさん
サユミ うまくいってるみたい
私は野球が恋人だから
うらやましくないけどね～
(*´▽`*)ノ
メッセージを入力
うふっ
私もカープが恋人
ってことにしておこう！

ほじゃひ編

五菫ぎょうざ
…560円

店名の「ほじゃひ」は野球用語の「捕邪飛」から。2016年に優勝したあと、漫画に出てくるサユミやユカリのようにカープ女子の友達がここでサプライズ誕生日会を開いてくれた思い出の場所です。ビールかけTシャツを着て鉄板焼きを楽しみました。ちなみに店内は、カープファン以外のお客さまに配慮して極力カープ感をなくしているのですが、トイレに所狭しと並べられた野球グッズの数々に、内に秘めた熱い愛を感じることができます。さらに日本シリーズを観るために札幌ドームに行って応援していたら、二つ後ろの席に偶然店長さんがいたのは本当にびっくりしました(笑)。

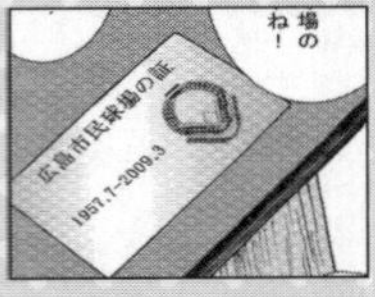

お好み焼き…780円

DATA

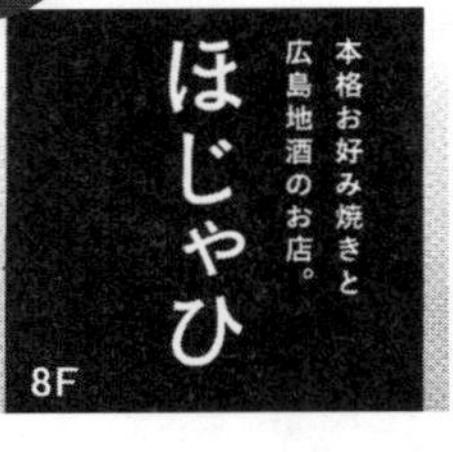

ほじゃひ

MAP P149

★東京都品川区東五反田1-12-9
イルヴィアーレ五反田ビル8F
★営業時間 17時30分〜23時30分
※日曜は14時〜20時
★TEL.03-03445-8223
★休み 不定休

Sweet編

にしき堂のもみじ饅頭編

「こし餡」や「つぶ餡」だけでなく、「チョコ」や「カスタード」、「チーズ」など、いろんな味が楽しめるもみじ饅頭は人を選びません♡さらに最近は広島新銘菓の「生もみじ」が大人気で、そのモチモチの生地の新触感でお土産リピート率急上昇の和菓子です。

DATA

にしき堂

MAP P149-B1

★広島市東区光町1-13-23　★TEL.082-262-3131
★営業時間 8時〜20時　★休み なし

CHAPTER 6

既成概念にとらわれない発想

うえむらちかの
カープごはん。

6軒目 お好み焼 しず

－サユミが勤める会社－
……
どうしたんですか？
長谷川さんが考え込むなんて珍しいですね
岡山の展示会の件なんだが…
どの案もイマイチ決め手に欠けるんだよな…
そういえば来週はその打ち合わせで岡山出張でしたね
ああ
それまでにはなんとかしておきたいんだ

あれ？
長谷川さんってカープファンでしたっけ？
HIROSHIMA TOYO CARP
CARP
こないだ神宮に行ってから
10年ぶりにカープ熱が復活してな
じゃあ来週は前のりして広島まで足をのばしたらどうですか？
おおっ！
そのアイデアいただき！
久しぶりに美味いもんでも食うかな
いいですねぇ
そうだ川田くん！
広島の良い店知ってたら教えてくれないか？
あ…はい
あとで友達に聞いてみます！

COFFEE
広島で美味い店？
そりゃチカさんに聞くのが一番でしょ
だよね
てかさあサユミ
それってやっぱ
サユミを誘ってんじゃないの？
え？
そ…それは違うよ
仕事で行くついでで思い付きって感じだったし…

ふーん
そうだとしても
そこは一気に距離を縮めるチャンスだと思うけどな
距離か…
あれから何も進展してないんでしょ？
ときどきお話できるようになったよ
なんじゃいそれは!?
あんたはチューもしとらんのか！
情けなや
よし！
おもいきって行っちゃおう!!
え!? 行くって？
広島に決まってるでしょ!!
私がチカさんと計画たてとくから任せなさい！

－そして翌週－
JR 三原
みはら Mihara
しんおのみち
Shin-Onomichi
ユカリさん サユミさん
こっち こっち!!
チカさん!
あのお店 楽しみに してたん だよ～
ユカリ 結局 自分が来たかった だけだな…
Carp 15
じゃあ さっそく 例の作戦 行く?
次のこだまに 長谷川さんが 乗ってるからさ…

ゴオオオオオ
5号車って ことは
ここで 大丈夫だね
・・・・
いいアイデア でしょ
プシュー
さすが チカさん
ドラマのような 演出でサプライズ ってわけね!
ふぁ〜っ…
よく眠れた なあ

ん
川田くんがなぜここに？
あ…
あの…
長谷川さんにあいたくて追いかけて来ました…
あ…あのお…追いかけて来ました…
ひそひそ
追い越してるだろ？
はっはっはっはっー！
何やってんだよ君たち！
あちゃ！
ささやき作戦は失敗か
どうせマツダスタジアムに行く口実に僕を使ったんだろ？
あ…そういうわけじゃ
みんなで話し合ってたらやっぱ行きたくなっちゃって
便乗しちゃいました

そうだったのか
まあ こっちも気分転換の つもりだったから ちょうどいいや
ところで 三原で降りるところまでは聞いてたけど店の場所はわかるのかい？
私が案内しますよ！
お好み焼きでいいですよね？
もちろん！
なんか住宅街だけど大丈夫？
チカさんのおすすめなら
お好み焼
しず
お好焼
そば焼
間違いないでしょ！

V3
2,000HIT
KIKUCHI
33
優勝
すごーい!!
壁一面カープで埋めつくされてる!
こりゃいいね
テンション上がるでしょ!
別室にもっとすごいのがあるからお楽しみに〜
じゃあとりあえずビールと
あとはチカさんにおまかせしようかな
KURODA
15

チカさん 田中スペシャルって…
コースケ?
アンガールズの田中さんよ!
お店に来たときに考案してメニューになったんだって!
あ! 山根スペシャルもある!
じゃあ ひとつずつ たのみましょ
モダン焼スペシャル
アンガールズ 山根スペシャル
田中スペシャル
500円
750円
950円
さてと
カタ カタ
長谷川さん何やってるんですか?
すぐに仕事の連絡ができるようにね!
図面のチェックもあるし
カタ カタ

長谷川さん気分転換で来たんだから
仕事のことはいったん忘れましょうよ
そうですよ～
美女3人を前にして失礼でしょ！
そりゃそうだな
スマンスマン
でもせっかくだからひとつだけ
アルコールが入るまえに少し女子の意見を聞かせてくれないか？
実は
来月岡山で大規模な展示会があるんだけど
カタカタ
その展示プランが社内でまとめきれていなくて
まだ白紙の状態なんだ

配置を変えるとかじゃなくて
人目を引く新しい方法が何かあるはずなんだけどな…
それなら
実際に使ってるところをお客さんに見せるのはどう？
それも考えたが
一日中社員をつけておくのは難しいんだ
じゃあ逆に
会社の仕事をそこでやっちゃえばいいんじゃない？
でもチカさん
会社は東京なのにどうやって…？
考え方次第じゃないかな
ほら
カープなんて今やスタジアム全体がテーマパークっぽくなってるでしょ！
Carp

ほう
どういう ことだい？
スタジアムなのに お化け屋敷が あったりね
寝ソベリアとか 畳の観戦席とか
バーベキュー しながら観戦できる びっくりテラスなんて のもありますよ！
展示会は会場で とか仕事は会社で とか決め付けない
「既成概念に とらわれない発想」が 大事だと思うんですよね
なるほど！
はい おまたせ
田中スペシャル です！
わーっ！ ごはんと納豆に お餅まで 入ってるよ！
え！それ 大丈夫なの？
カタ カタ
KURODA 15

さすがにこれは…
美味っ‼
イケるでしょ!
長谷川さん!これおいしいですよ~
そうか!ここをオンラインで
あとは小林に任せて…
カタカタ
これならどうだ…
ダメだこりゃ
なんかゾーンに入ってる…
パタ
ちょっ何するんだよまだ…
今はお食事の時間ですよ
長谷川課長っ!

みんなでおいしく食べましょうよ
そうだなワリイ
昔はサユミが仕事のことばっか気にしてたのにね
似たもの同士ってことかな!
よーし!
食うぞ!!
しず
案外私たちが思ってるより進んでるのかもよ
二人の関係
うんそうかもね
うんイケる!
納豆とごはんと餅か…
はふ
はふ
うまいうまい!
これが「既成概念にとらわれない発想」ってことだな!
はい!
よし
次は山根スペシャルだ~

ごちそうさま～
おなかいっぱい～
お好み焼
しず
おお！
こっちにもカープグッズの専用ルームがあったんだな！
ちょっとしたカープミュージアムでしょ！
プロ野球
もはやミュージアムにお好み焼き屋さんがついてる感じだね
うん！逆もアリかもね
逆もアリか…
何か仕事に使えそうな気がするぞ…
・・・・
もう！長谷川課長ってば
チカさん仕事病に効くカープの教えないかしら？
そうだなぁ…
え！あるの？

お好み焼 しず編

アンガールズ 田中スペシャル…950円

しずさんの「カープミュージアム」はここに通うお客さんによって作り上げられたもの。「これも、これもお店に置いといて〜」とさまざまなレアグッズを持ってきてくれるうちにどんどん拡大していったんだそう。普通の売っているグッズだけではなく、選手のサインボールはもちろんのこと、記念Tシャツがずら〜っとかけてあるハンガーに、山本浩二さんの背広もかけてあったり、部屋の一角には奥さんの大好きな廣瀬純さんのコーナーがあったり……。お好み焼きを食べる時間よりも、このミュージアムにいる時間のほうが長くなってしまいそうでした。しずさんに行かれるさいは是非時間の余裕を持ってお越しくださいね!

DATA

お好み焼 しず

MAP P149

★広島県三原市皆実 1-23-26
★TEL.0848-63-8686
★営業時間 11時〜22時（LO21時）
★休み 火曜

CHAPTER 7

若手とベテランがひとつになる

うえむらちかの
カープごはん。

7軒目 キッチンスタジアム63。

由宇駅
今日は カープの二軍練習を 見学するために
山口県岩国市 由宇町にやって 来ました！
歓迎
Carp
歓迎
Carp
由宇町観光協会
では
これから球場まで 車で移動しま～す！

ブオン
ブオン
チカちゃんおまたせ！
おっと
さっそく運転手が来ましたよ
運転手ってなんだよ
つーかひとりごとの声が大きすぎて怪しさ満点だぞ
失礼ね！東京の二人に送る動画レポート作ってるのっ！
お！マジで⁉
オレ岸コウタ！チカちゃんがいつもお世話になってま～す！
ちょっ！どの立場から言ってんの！
幼なじみとしていつも心配してんだぞ～

ブォォォォ
ゴメンね 急にお願いしちゃって
いーよ
ちょうど岩国でイベントの仕事があって来てたから
そういえばコウタくん車変えたんだね！
会社の先輩が安く譲ってくれてね
廃車寸前だったけど
自分でコツコツ修理して
色だけは新型と同じ赤に塗り直したんだ！
この色ってもしかして
そう
カープのヘルメットと同じソウルレッドさ！
オォォォ
ブォォォォ
まさにカープ魂だね！
オウ！
歓迎 カープタウン由宇
歓迎 めざせ！日本一!! 広島東洋カープ

広島東洋カープ由宇練習場
わあ!
相変わらず広いなぁ!
二軍の練習場でしかも
去年から選手とファンの距離を縮めるために少しだけファウルエリアを狭くしたけど…
グラウンドの広さはメジャークラスだもんね!
そして
ここから将来のカープを背負って一軍でメジャーになっていく若鯉を応援するのが私の生きがいなの♡

なんか…
観てると
また野球
やりたくなって
くるなあ…
実はオレ
中学の頃は
本気でカープの
選手になろうと
思ってたんだ
でも…

高校でレベルの違いを感じてあっさりあきらめたけどね
大学では音楽の道もあきらめたし…
なんかオレってあきらめてばっかの人生だな
チカちゃ…
Carp
カープに恋する乙女になっとるな
チカちゃんあぶない!
うしろにヘビが!!

え!?
うそ!ヘビ!?
どこどこ!?
うっそーっ!
じゃあオレ仕事行くんで!
あ…
もうコウタくん!?
わ!
本当にいるじゃん!!
ヘビに注意
はっはっはっ…
若いって
いいねぇ
チカの遠縁のおじさん
本間ケンゾウ

あ！
本間のおじさん！
チカちゃんひさしぶりだねいつ以来かな
確か前におじさんと会ったのって…
野村監督でAクラスに返り咲いた頃だから…
四年前か…
あれからカープも強くなったけどチカちゃんも仕事頑張ってるねえ
おじさんも絵の仕事頑張ってるじゃない！
僕は建築士なんだけどね
・・・・
チカちゃんは
製図は絵の仕事だと思うかい？
え？

製図か…
絵といえば絵だし…
僕が小さな設計事務所をやってるのは知ってるだろ?
うん!何度か遊びに行ったことあるよ
僕らの仕事は製図だけでなく建築パースといって仕上がりイメージを絵にしたりもするんだけど
ふだんは建物ばかり描いているから
こうして選手の動きなんかをスケッチすると新鮮でいいトレーニングになるんだよ
すごい!
おじさん研究熱心なんだね!
ただ…
最近はどうもなあ…

ウチの事務所の若い設計士たちはデジタル世代だから
図面を描くのもデータ作成感覚でね…
絵を描く感覚を教えようともしたんだが
ぜんぜん言葉が通じないというか・・・・
わたしは素人だけど
おじさんのやり方のほうが良いものができるような気がするよ
それが最近のコンペでは
ことごとく若手の案が採用されててね…
僕もそろそろ
潮時じゃないかと思ってるんだよ

じゃあ 仕事をやめる ってこと?
やめるわけじゃ ないけど
設計は若い者に 任せて経営に専念 するつもりだ
でも… まだ勉強 してるのに…
ここで 好きなタコスを 食べながら
のんびりする時間が ふえるというのも 悪くないんじゃないかな
・・・・
今日は屋台が 出てないのが残念 だけどね
そういえば あのお店って居酒屋も やってるんだよ
え? そうなんだ!

スポーツバーにも なっててテレビ観戦も できるんだよ！
あ！そうだ おじさん
今日そのお店で ナイター観ようよ!?
おお！そりゃ イイね！
キッチンスタジアム63。
ザワ ザワ
ザワ ザワ
ザワ ザワ
いい雰囲気 だねえ！
店名の63は 丸選手が由宇で 頑張ってた頃の 背番号が由来 なんだって！
チカちゃんは何でも 知ってるなあ
カープ愛なら 誰にも負けない からね～

おお！これこれ
僕の大好物のタコスだよ！
牛ひき肉とレタスにとろ～りチーズ
いろんな食材が口の中でひとつになって最高！
ザワ
ザワ
お店でワイワイやりながら食べるのもいいねえ！
打ちました大きい！
ザワ
ザワ
入るか入るか
入ったホームラン!!
Hiroshima
Carp

いかがですか
山本浩二さん！
今日のカープは
若手とベテランの
バランスがいいね
ザワ
若手と
ベテランが
このタコス
みたいにひとつに
なって大きな力を
発揮したんだね！
ザワ
ザワ
ワ
「若手とベテランが
ひとつになる」…か
ワァァァ
おじさん
よそ見してる
場合じゃないよ
連続ホームラン
だよ!!
ばしばし
おおっ！
やったーっ!!
オオオォ

チカちゃん今日は楽しかったよ
ついでに
パワーをもらっちゃったしな！
わたしも楽しかった〜！
じゃあまた近いうちに〜！
ー数日後ー
由宇駅
というわけでまたまた由宇にやって来ました！
今日はカープ2軍の試合の応援でーす！
ブォォン…
おっと運転手が…

ブロロ‥
チカちゃん!
乗ってくかい?
本間のおじさん!
今日は若いスタッフとの親睦会を兼ねて
由宇で試合観戦なんだ!
次のコンペは若手とベテランの共作でチャレンジするよ!
ホント!? スゴーイ!!
ブオオオ
あれ?
今のチカちゃん?
駅にいるはずだけど?

キッチンスタジアム63。編

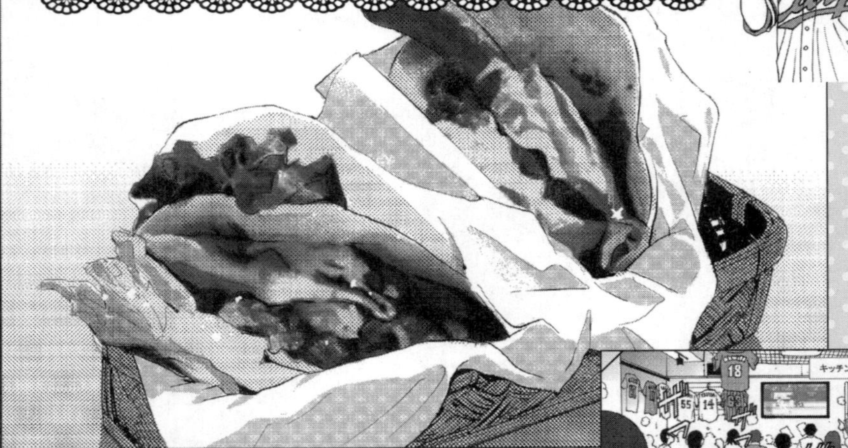

まぁちゃんのタコス…300円

ルナやバティスタ選手など歴代の助っ人外国人選手にも愛され選手間にも広がり、最近ではチームからまとめて注文を請けてお届けしているんだとか。由宇の選手の力の源ですね!

DATA

キッチンスタジアム63。

MAP P149

★山口県岩国市麻里布町6-2-19 BIF
★TEL.0827-23-9330
★営業時間 18時～翌2時
（※由宇球場での試合時間により、営業時間が異なる場合がありますのでお問い合わせください） ★休み 不定休

由宇練習場で屋台「まぁちゃんタコス」を出し続けているムーさんが、ご自身のあだ名と丸選手の入団した時の背番号にちなんだ名前でオープンしたお店。去年優勝を一緒に見届けた奥さまがご逝去されるという悲しみを乗り越えて、毎日笑顔で屋台とお店を切り盛りされています。奥さまの写真がきらりと輝く厨房と、そして客席には丸選手が一軍に上がって初めてヒットを打った日につけていたグローブも展示されているたくさんの愛が詰まったお店です。

由宇球場編

広島駅から快速で1時間。由宇駅からは1日6本しかないバスに乗ってようやくたどり着ける「プロ野球球場最後の秘境」。ここでプレーした選手は「天国に一番近い球場」と表現していたりもしました。二軍に落ちることを「由宇ターン」、由宇で真っ黒に焼けて戻ってくる選手を「由宇焼けしてる～!」と言うことも。けれど良い時も悪い時も、選手に寄り添ってぐっと身近に応援することのできる最高の場所です。

DATA

由宇球場

★山口県岩国市由宇町笠塚72-2 ★TEL.0827-63-3600（由宇町観光協会）
★JR山陽本線「由宇」駅から防長バス「笠塚カープ練習場前」バス停下車すぐ

CHAPTER 8

ボーダレスの愛

うえむらちかの
カープごはん。

8軒目 瀬戸海人

ありがとうございました！
ではよろしくお願いします
山崎ユカリ
よし！
大手広告代理店系列某企業の営業担当
この三年で営業成績社内一位まで登りつめた優秀なキャリアウーマンであった…
この日までは…

－三年前－
ごめん
ムリ！
・・・・
ボトッ！

あいつを振り向かせるために
がんばってきたんだ
今なら
サトシ〜!
なんだユカリじゃないか
元気そうだな
うん
サトシは？
相変わらず仕事ばっかだよ
そうなんだ私も…
・・・・
ねえサトシ!
また私と付き合っちゃったりする？
え？

ゴメン！
ムリムリ マジで！
言って なかったっけ？
オレ去年結婚 したんだよ
けっ
こん…
おまえ いい女に なったんだから
相手なんて いくらでも いるだろ？
…
う… うん
まあね
ボトッ！

サユミの家
なにがゴメンムリだバーロー…
3年前と同じセリフ言ってんじゃねーぞコラ！
飲みすぎだよユカリ…
今日はもうやめとこ
おうサユミィ
あんたはあの課長さんとよろしくやってんだろ！
あたしらに感謝しろよ
うんわかったから
もう…明日も仕事なんでしょ？
仕事？
そうかあたしには仕事とカープがあるのさ
ばんざーい!!
キャハハハ
ホラあんたも飲めよ！
ガしっ
めずらしいなユカリがこんなに悪酔いするなんて…

はい もしもし!
あら サユミさん どうしたの?
え?
ユカリさんが
行方不明!?
夜遅くまで飲んで うちに泊まってたんだけど
私が起きたら もういなくて
旅に出ます。
捜さないでね。
メールが一通 来たっきりで もう三日間 音信不通なんです

心当たりはないの？
ユカリさんが行きそうな場所とか…
会社は？
最近は休日も球場くらいしか行ってないし…
会社は無断欠勤してるらしくて…本当に心配なんです…
大丈夫だよ
ほらユカリさんって切り替え早いじゃない！
あと2、3日でケロっとして戻ってくるよ！
そうですね
じゃあそっちに連絡あったらお願いします
うん！
サユミさん気にしすぎないでね
ユカリさん
どうしちゃったのかなあ…

－数日後－
TOKYO DOME
気が付いたら
ここにいる
アタシって…
でも…
やっぱまだ
テンション上がら
ないのよね…

おい！
そこの
姉ちゃん！
応援席の真ん中で
ボーっとして
どうしたんじゃ!?
腹でも
壊したんか!?
元気ならもっと
ノリノリで
応援せんかい！
なによっ
上から
えらそうに…
あ!!

もしもし
サユミさん!
今すぐテレビ
つけて!
巨人戦!!
え?
あ…
はい!
ユカリと
応援団の
ひとだ…

ほら
やっぱ言った
通りでしょ？
はい！
カープ！
カープ！
カープひろしま
ひろしまあ
カープ〜♪
TOKYO DOME
ー 一ヵ月後 ー
あの時は心配
させちゃって
ゴメン！
でも本当に
落ち込んでたん
だよ
広島
ひろしま Hiroshima
ひろしま
Hiroshima
あ！
その目は
信じてないな
ホントに
ホントなんだ
からね！

そんなことより
二人は今年最後の
広島なんでしょ！
明日の試合に
そなえて英気を
養いましょう!!
賛成っ!!
今日紹介する
お店は
瀬戸海人
おきなわ　ひろしま　居酒屋
ここ!!

広島なのに
なぜ沖縄料理!?
琉球畳使ったりしてて内装も本格的ですね！
メニューだって本格的なんだから！
まずは沖縄よもぎとバジルを使ったジェノベソースで作る
海ぶどうのせソーミンチャンプルー
じゃあ私は
炙りラフテーのとろとろ半熟卵添え！

島豆腐と
定番のゴーヤチャンプルーもいっとく？
ちなみにカープが優勝した時はゴーヤチャンプルーと海ぶどうを１００円でふるまったんだって
マジで？
絶対また来ようね！
うん！
なんと!!
じゃあオリオンビールで
カンパーイ!!
Orion
ん～
本当に沖縄に来たみたい！
沖縄旅行のあと広島で試合を観る！
みたいなプチぜいたくだね！
Carp
そう
このボーダレス感がいいでしょ…
あ！そうか

はい！
ここでカープの教え行きま～す！
でた
チカさんの十八番！
カープファンの愛は
「ボーダレスの愛」なんだよ！
「ボーダレスの愛」？
私たちカープファンって
カープのために頑張ってくれる人にやさしいの！

黒田さんはもちろん新井さんが戻ってきたときにも温かく迎えたし
メジャーで活躍してるマエケンさんだって今も応援してるでしょ
なるほど！内外関係のない「ボーダレスの愛」ですね！
そして失踪した私が戻ってきたときも
やさしく受け入れてくれたと…
がしっ
心の友よっ!!
ユカリさん痛い！
よーし！今日は朝まで飲むさー！
泡盛行っちゃおー！
あの…明日試合なんだけど…
なんくるないさ〜

瀬戸海人編

ゴーヤチャンプル…710円

カープが勝った日は100円で提供されるうれしい一品。

海ぶどう乗せソーミンチャンプルー…680円

なぜ沖縄？と不思議に思われるかもしれませんが、広島出身のオーナーさんがご自身の大好きな沖縄とカープを愛情たっぷりに詰め込んだお店なのです♡ 店内の座席には名前が付けられており、「与那国島」や「波照間島」など島の名前を言って注文するので、気分はもはやキャンプ地・沖縄！ 屋上には沖縄の言葉で特別な名前が付けられているので、お店に行かれた際はぜひその名前を尋ねてみてくださいね。本店は東京にあり、東京でも広島でも本格的な沖縄料理が楽しめますよ。

炙りラフティ…820円

DATA

瀬戸海人

MAP P149-A1

★広島市南区大須賀11-9
★TEL.082-262-3443
★営業時間 17時～翌2時（LO翌1時）
★休み なし

マツダスタジアム
周辺MAP・交通ガイド

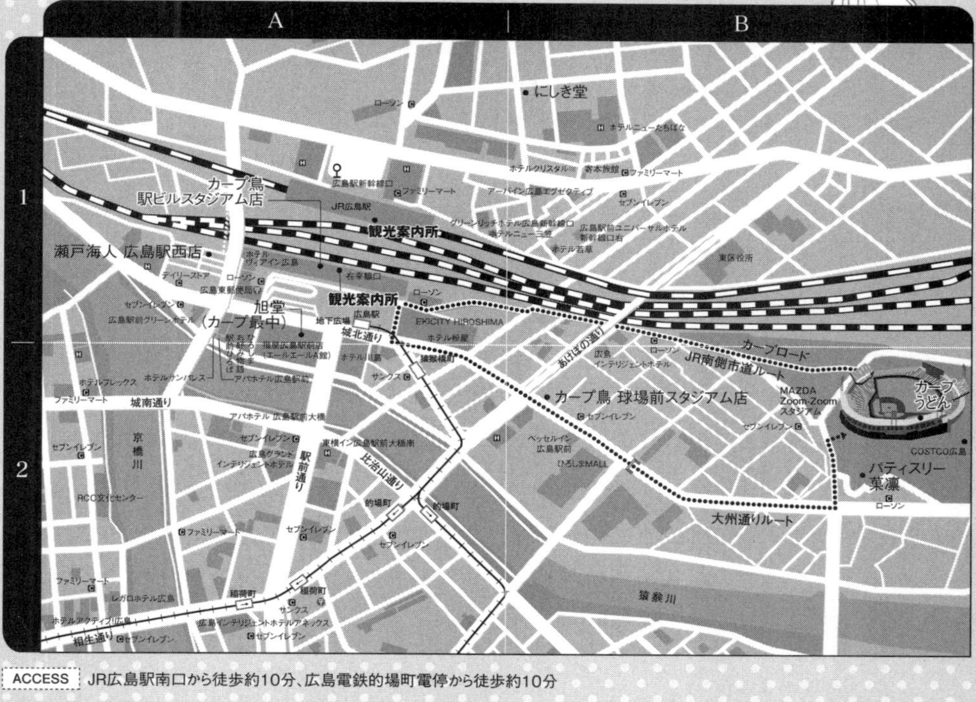

ACCESS　JR広島駅南口から徒歩約10分、広島電鉄的場町電停から徒歩約10分

カープ鳥

とりきん佐藤

焼肉・ラーメン かずさん

旭堂

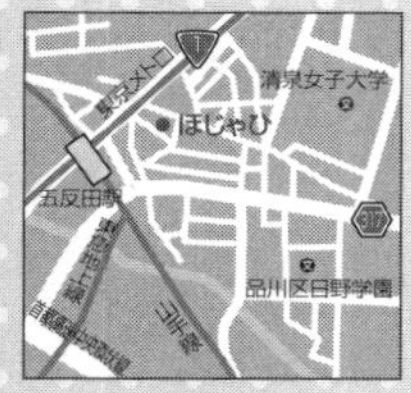

ほじゃひ

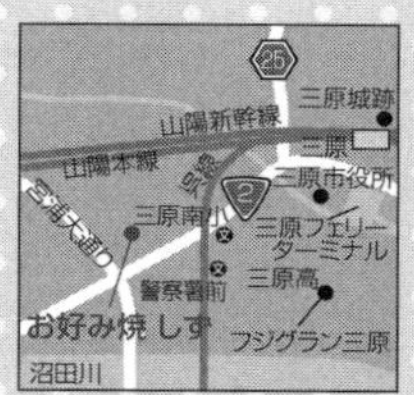

お好み焼 しず

キッチンスタジアム63。

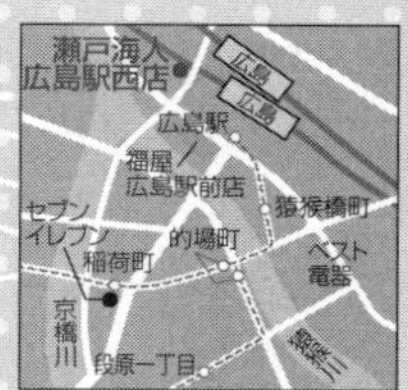

瀬戸海人

あとがき

みなさんこんにちは！　うえむらちかです。
『カープごはん。』はいかがだったでしょうか？
人生において、「漫画の主人公になる」なんてことは絶対にないと思っていたので、本当に驚きました。ドッキリかと思ったのですが、そんな誰も得をしないドッキリがこの世にあって良いのだろうかと思い直し、ああこれは夢なんだと思うことにしました。だってこのお話をいただいたのは忘れもしない二〇一六年の九月十日、カープが二十五年ぶりのリーグ優勝を決めた翌日だったのです。優勝特番に出演させていただくために朝一の飛行機で広島に帰ってきた時のこと。着陸時のアナウンスが「二十五年ぶりの優勝で、ますます賑わう広島です！」と流れてきたときの感動は、今も昨日のことのように思い起こされます。

　そんな記念すべき日にこの漫画の企画は立ち上がったのです。私は思いました。これは夢だと、でもただの夢ではなくて、これは『叶う夢』なんだと。ずっと夢に思い描いていたカープの優勝をこの目で見たのです。今の私たちに叶わないことなんてないと思いました。

「衣・食・住・カープ」。今や切っても切り離せないほど私たちの生活に根付いているカープ。今回はそんな生活のほんの一部分ではありますが、作中に出てくるチカやユカリ、サユミ、コウタたちを通して、私たちの「カープ生活」をお届けさせてもらいました。実際、球場で知り合って友達になるということはよくあります。まさしくカープが繋いでくれた縁がそこにはあるのだと思います。

「試合に行ったあとはどのお店に行こうか？」とか、「どこで試合を観よう

か?」と悩まれた時はこの本を思い出してくれると嬉しいです。作中に登場するお店はどれも本当に美味しくて、お店選びから取材まで、至福&満腹の時間を過ごさせてもらいました。この漫画の中で紹介しきれなかった素敵なお店もたくさんあります。広島や東京に限らず、遠征先の『カープごはん。』もいつか紹介できたら良いなあと思います。

そしてこの作品で漫画を担当してくださった近藤こうじ先生が描かれた絵を初めて見たときに、こんなに可愛く描いてもらってみんなに石を投げられないかと震えていましたが……それ以上に次々と上がってくる玉稿を毎日楽しみに生きていました。大の漫画好きの私としては、発売前に読むことができるなんてこの上ない幸せです。本当に素敵な漫画を描いてくださりありがとうございました。近藤先生が今作を描いているうちにどんどんカープのことが好きになっていったというエピソードを聞いて、どんなお店に近藤先生を連れて行こうかと絶賛悩み中です。

ザメディアジョンの田中さん。企画・編集の浅井さん。カープ師匠の田口さん。いつも好きなことを応援してくださる事務所のみなさま。取材に快く協力してくださったお店のみなさま。

そして何より、この本を手に取ってくださった読者のみなさまに、

心よりの感謝を贈りたいと思います。

二〇一七年七月吉日

うえむらちか

ごちそうさまでした!
おかわり♡
chika
うえむらちか

著者プロフィール

うえむらちか（Uemura Chika）

広島県生まれ。女優・タレント・作家と多方面で活躍中。また、祖母・父親の影響で生まれた時からカープに囲まれて育ち、カープ女子としてもさまざまなメディアで活動し、「Red Fashionista Award 2016」（ワコール主催）スポーツ部門でカープ女子代表として受賞。
激しいカープ愛と25年ぶりの優勝の感動から、カープ女子の世界観を歌詞にしたカープ女子ソング「鯉スル乙女」をYouTubeで配信中。朝日新聞社ニュースサイト「朝日新聞デジタル」にて『うえむらちかのカープ女子観戦記』を連載中。著作には『ヤヌス』（講談社Birth）、『灯籠』（ハヤカワ文庫JA）、『カープ女子 うえむらちか&広島東洋カープ　2014年の軌跡』（株式会社KADOKAWA）がある。

◉うえむらちか公式ブログ【ちか道】 http://ameblo.jp/chika-uemura/
◉公式ツイッター　@UemuraChika

うえむらちかの
カープごはん。

2017年7月26日　第一刷発行
2017年9月23日　第二刷

著　者　うえむらちか

発行人　田中朋博

漫　画　近藤こうじ
企画・編集　浅井千春

装　丁　村田洋子
DTP編集　STUDIO RACO

発行所　株式会社ザメディアジョン
〒733-0011
広島市西区横川町2-5-15 横川ビルディング
TEL:082-503-5035　FAX:082-503-5036
http://www.mediasion.co.jp

編集・制作　株式会社ザメディアジョンプレス
〒733-0011
広島市西区横川町2-5-15
TEL:082-503-5051　FAX:082-503-5052
http://www.mediasion-press.co.jp

制作協力　スペースクラフト・エンタテインメント株式会社

印刷・製本　株式会社シナノパブリッシングプレス

JASRAC 出1707860-701

定価はカバーに表示してあります。　ISBN978-4-86250-503-3　©chika uemura/Prited in Japan